FRANCISCO
O Papa vindo do fim do mundo

1ª edição – 2013
2ª reimpressão – 2013

As origens

Jorge Mario Bergoglio nasceu em Buenos Aires, em 17 de dezembro de 1936. De família de origem piemontesa, proveniente da localidade de Bricco Marmorito, em Portacomaro (Asti, Itália). É um dos cinco filhos de Mario José, funcionário de ferrovia, e de Regina Maria Sivori, uma dona de casa de sangue piemontês e genovês.

Formou-se primeiramente como técnico em química. Depois, em 1958, entrou no seminário da Companhia de Jesus. Como noviço, viveu um período no Chile e, ao retornar a Buenos Aires, cursou Filosofia na faculdade do Colégio Máximo São José, em São Miguel.

A partir de 1964, lecionou durante três anos literatura e psicologia, no Colégio da Imaculada da Santa Fé e num colégio em Buenos Aires. Ordenou-se sacerdote em 13 de dezembro de 1969.

"A Igreja existe para comunicar a Verdade,
a Bondade e a Beleza...
Somos todos chamados a comunicar
não a nós mesmos, mas sim esta tríade:
'Verdade, Bondade e Beleza'."

Pastor da Igreja

Após algumas outras experiências como professor e a nomeação como provincial da Argentina, foi eleito reitor da Faculdade de Teologia e Filosofia, em São Miguel; e, em 1986, foi para a Alemanha a fim de completar o doutorado; antes de seu retorno à pátria, tornou-se, na cidade de Córdoba, diretor espiritual e confessor na igreja local da Companhia de Jesus.

Em 20 de maio de 1992, foi nomeado bispo auxiliar de Buenos Aires e titular de Auca. Em 3 de junho de 1997, tornou-se arcebispo coadjutor de Buenos Aires. Sucedeu, na mesma sede, em 28 de fevereiro de 1998, o Cardeal Antonio Quarracino, recém-falecido, passando a ser assim primaz da Argentina. Em 6 de novembro do mesmo ano, tornou-se também ordinário para os fiéis de rito oriental, na Argentina.

"Volto meu pensamento cheio de grande afeto
para o meu predecessor,
que revigorou a Igreja com o seu magistério,
a sua humildade e a sua mansidão."

O seu nome é Francisco

Nomeado cardeal por João Paulo II, em 21 de fevereiro de 2001, com o título de São Roberto Bellarmino, ele foi eleito presidente da Conferência Episcopal Argentina, cargo que ocupou de 2005 a 2011.

Bergoglio foi sempre visto como um dos candidatos mais cotados no conclave de 2005, que elegeu Bento XVI.

Na noite de 13 de março de 2013, foi eleito papa com o nome de Francisco. É o primeiro papa a assumir esse nome, o primeiro jesuíta a tornar-se papa e o primeiro pontífice sul-americano.

*"Pensei imediatamente em Francisco de Assis...
Francisco é o homem da paz,
aquele que ama e guarda a criação.
O homem pobre...
Ah! como eu gostaria de uma Igreja pobre
e dos pobres!"*

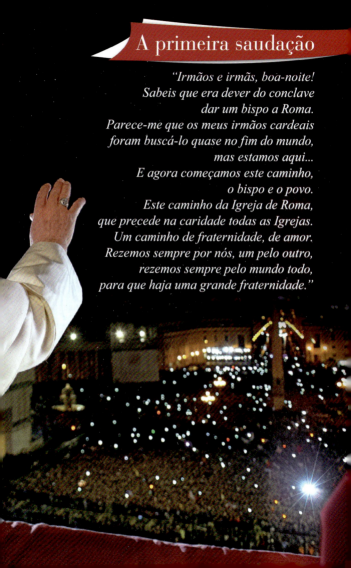

A primeira saudação

*"Irmãos e irmãs, boa-noite!
Sabeis que era dever do conclave
dar um bispo a Roma.
Parece-me que os meus irmãos cardeais
foram buscá-lo quase no fim do mundo,
mas estamos aqui...
E agora começamos este caminho,
o bispo e o povo.
Este caminho da Igreja de Roma,
que precede na caridade todas as Igrejas.
Um caminho de fraternidade, de amor.
Rezemos sempre por nós, um pelo outro,
rezemos sempre pelo mundo todo,
para que haja uma grande fraternidade."*

A primeira homilia

"*Caminhar*. A nossa vida é um caminho, e quando paramos, a coisa não vai... Caminhar sempre na presença do Senhor, à luz do Senhor, procurando viver com aquela responsabilidade que Deus pedia a Abraão, nas suas promessas."

"*Edificar*. Edificar a Igreja. Fala-se de pedras: elas têm consistência; mas pedras vivas, pedras unidas pelo Espírito Santo. Edificar a Igreja, a Esposa de Cristo, sobre aquela pedra angular que é o próprio Senhor."

"*Confessar*. Nós podemos caminhar o quanto queremos, nós podemos edificar tantas coisas, mas, se não confessarmos Jesus Cristo, a coisa não funciona... Quando não se confessa a Cristo, confessa-se o mundanismo do diabo, o mundanismo do demônio."

*"Eu queria que todos tivéssemos a coragem
de caminhar na presença do Senhor,
com a cruz do Senhor;
de edificar a Igreja com o sangue do Senhor
e de confessar a única glória: Cristo Crucificado."*

O primeiro dia

O primeiro dia de pontificado começou bem cedo para o Papa Francisco. Às 8 da manhã, já estava na basílica de Santa Maria Maior para homenagear Nossa Senhora. E para chegar até lá, não quis servir-se da ordenança dos seguranças. Fez tudo prescindindo de manifestações. Parece ainda ter pedido que a basílica não fosse fechada por causa de sua chegada, mas que permanecesse normalmente aberta aos fiéis e peregrinos.

Na viagem de retorno ao Vaticano, solicitou passar na Casa do Clero, onde estava hospedado antes de transferir-se para a Casa Marta, para o conclave. Era uma passagem para pegar seus pertences e pagar a hospedagem, ou seja, para "dar bom exemplo", como disse o porta-voz da sala de imprensa.

*"Quando caminhamos sem cruz,
quando edificamos sem cruz,
e quando confessamos um Cristo sem cruz,
não somos discípulos do Senhor."*

O primeiro Ângelus

"Irmãos e irmãs,

O rosto de Deus é o de um pai misericordioso, que sempre tem paciência... Um pouco de misericórdia torna o mundo menos frio e mais justo. Tenhamos misericórdia a fim de compreender bem essa misericórdia de Deus, esse pai misericordioso que tem tanta paciência... É pai. Qual é o problema? O problema é que nós cansamos, não queremos perdoar, nos cansamos de pedir perdão. Ele jamais se cansa de perdoar, mas nós, tantas vezes, nos cansamos de pedir perdão. Não nos cansemos jamais: Ele é pai amoroso que usa de misericórdia para com todos nós. Aprendamos também nós a sermos misericordiosos com todos. Invoquemos a intercessão de Nossa Senhora, que teve em seus braços a misericórdia de Deus feito homem."

"Desejo a todos vós que o Espírito Santo, pela oração de Nossa Senhora, nossa Mãe, nos conceda esta graça: caminhar, edificar, confessar Jesus Cristo Crucificado."

Ad multos annos!

Papa Francisco, nosso guia, e mais ainda nosso companheiro de caminhada, torna-nos sempre mais fiéis à Igreja de Cristo. Ante os gigantescos desafios deste mundo, a Igreja, do Oriente e do Ocidente, pode parecer irrisória, como o pequeno Davi armado com uma funda, em plena era nuclear, mas com as torrentes de pedras atiradas pelo Espírito... Ajuda-nos a crer que em todos os caminhos nos precede, sempre, o Cristo da Ressurreição.

Cardeal Roger Etchegaray

Título original: *Francesco: Il papa venuto dalla fine del mondo*
© Edizioni San Paolo s.r.l., 2013, Piazza Soncino, 5 – 20092 Cinisello Balsamo (Milano).

Direção-geral: *Bernadete Boff*
Editora responsável: *Maria Goretti de Oliveira*
Tradução: *Leonilda Menossi*
Copidesque: *Ana Cecília Mari*
Revisão: *Marina Mendonça e Sandra Sinzato*
Assistente de arte: *Ana Karina Rodrigues Caetano*
Gerente de produção: *Felício Calegaro Neto*
Capa e diagramação: *Telma Custódio*
Fotos: *Alessandro Bianchi/Reuters/Contrasto (capa, p. 13); ANSA/Corbis (p. 3);
    Perfil/Splash News/Corbis (p. 5); Osservatore Romano/Reuters/Contrasto (pp. 7, 8-9, 11);
    Max Rossi/Reuters/Contrasto (p. 15).*

Paulinas
Rua Dona Inácia Uchoa, 62
04110-020 – São Paulo – SP (Brasil)
Tel.: (11) 2125-3500
http://www.paulinas.org.br – editora@paulinas.com.br
Telemarketing e SAC: 0800-7010081
© Pia Sociedade Filhas de São Paulo – São Paulo, 2013